www.ingramcontent.com/pod-product-compliance
Lightning Source LLC
Chambersburg PA
CBHW052043280426
43661CB00085B/108
* 9 7 8 1 9 5 1 3 7 3 8 8 7 *